Susanne Riha

Der kleine Dachs

Annette Betz Verlag

Gegen Abend macht sich der kleine Dachs mit den Brüdern und der Mutter auf den Weg.

Auf der Wiese gräbt der kleine Dachs nach Würmern.

Am Feldrand nascht er
vom reifen Hafer.

Hinter der Scheune
des Bauern entdeckt der
kleine Dachs süße Himbeeren.

Im Obstgarten der Bäuerin
nascht er vom Fallobst.

Nur die Mülltonne wirft
der kleine Dachs umsonst um.
Sie ist heute leer.

Im Morgengrauen
macht sich die Familie
auf den Heimweg.
Der kleine Dachs läuft voraus.

Aber wie riecht es denn da? –
Ist das überhaupt der Dachs-
bau?

Da schaut ja auch ein
fremdes Tier heraus!

Verwirrt läuft der kleine
Dachs zu seiner Mutter.

Aber er hat sich nicht geirrt.
Es ist der richtige Bau.

Doch seit heute wohnt
auch ein Fuchs hier.

CIP-Titelaufnahme der Deutschen Bibliothek
Riha, Susanne:
Das kleine Dachs / Susanne Riha. – Wien;
München: Betz, 1990
ISBN 3-219-10487-8
NE: HST

B 570/1

Umschlag, Illustrationen und Layout von Susanne Riha

Printed in Belgium